My
WILDLIFE
JOURNAL

DATE _____ TIME _____

Season _____

Weather Conditions _____

Location _____

SIGHTING COMPANION/S _____

DETAILS OF MY SIGHTING/S

Signs/Clues (fur, tracks, prints) _____

What I learnt from today

Notes

Sketch/Photo

DATE _____ TIME _____

Season _____

Weather Conditions _____

Location _____

SIGHTING COMPANION/S _____

DETAILS OF MY SIGHTING/S

Signs/Clues (fur, tracks, prints) _____

What I learnt from today

Notes

Sketch/Photo

DATE _____ TIME _____

Season _____

Weather Conditions _____

Location _____

SIGHTING COMPANION/S _____

DETAILS OF MY SIGHTING/S

Signs/Clues (fur, tracks, prints) _____

What I learnt from today

Notes

Sketch/Photo

DATE _____ TIME _____

Season _____

Weather Conditions _____

Location _____

SIGHTING COMPANION/S _____

DETAILS OF MY SIGHTING/S

Signs/Clues (fur, tracks, prints) _____

What I learnt from today

Notes

Sketch/Photo

DATE _____ TIME _____

Season _____

Weather Conditions _____

Location _____

SIGHTING COMPANION/S _____

DETAILS OF MY SIGHTING/S

Signs/Clues (fur, tracks, prints) _____

What I learnt from today

Notes

Sketch/Photo

DATE _____ TIME _____

Season _____

Weather Conditions _____

Location _____

SIGHTING COMPANION/S _____

DETAILS OF MY SIGHTING/S

Signs/Clues (fur, tracks, prints) _____

What I learnt from today

Notes

_____
_____
_____
_____
_____
_____
_____
_____
_____
_____
_____

Sketch/Photo

DATE _____ TIME _____

Season _____

Weather Conditions _____

Location _____

SIGHTING COMPANION/S _____

DETAILS OF MY SIGHTING/S

Signs/Clues (fur, tracks, prints) _____

What I learnt from today

Notes

Sketch/Photo

DATE_____ TIME _____

Season_____

Weather Conditions_____

_____

Location_____

_____

_____

SIGHTING COMPANION/S _____

+-------------------------------------+
| DETAILS OF MY SIGHTING/S |
| |
| |
| |
| |
| |
+-------------------------------------+

Signs/Clues (fur, tracks, prints) ____

_____

What I learnt from today

_____

_____

_____

_____

Notes

Sketch/Photo

DATE _____ TIME _____

Season _____

Weather Conditions _____

Location _____

SIGHTING COMPANION/S _____

DETAILS OF MY SIGHTING/S

Signs/Clues (fur, tracks, prints) _____

What I learnt from today

Notes

Sketch/Photo

DATE _____ TIME _____

Season _____

Weather Conditions _____

_____

Location _____

_____

_____

SIGHTING COMPANION/S _____

```
┌─────────────────────────────────────┐
│        DETAILS OF MY SIGHTING/S     │
│                                     │
│                                     │
│                                     │
│                                     │
└─────────────────────────────────────┘
```

Signs/Clues (fur, tracks, prints) ____

_____

What I learnt from today

_____

_____

_____

_____

Notes

Sketch/Photo

DATE _____ TIME _____

Season _____

Weather Conditions _____

Location _____

SIGHTING COMPANION/S _____

DETAILS OF MY SIGHTING/S

Signs/Clues (fur, tracks, prints) _____

What I learnt from today

Notes

Sketch/Photo

DATE _____ TIME _____

Season _____

Weather Conditions _____

Location _____

SIGHTING COMPANION/S _____

DETAILS OF MY SIGHTING/S

Signs/Clues (fur, tracks, prints) _____

What I learnt from today

Notes

Sketch/Photo

DATE _____ TIME _____
Season _____
Weather Conditions _____
_____
Location _____
_____
_____
SIGHTING COMPANION/S _____

DETAILS OF MY SIGHTING/S

Signs/Clues (fur, tracks, prints) _____
_____
_____

What I learnt from today
_____
_____
_____
_____
_____

Notes

Sketch/Photo

DATE_____ TIME _____

Season_____

Weather Conditions_____

Location_____

SIGHTING COMPANION/S _____

DETAILS OF MY SIGHTING/S

Signs/Clues (fur, tracks, prints) _____

What I learnt from today

Notes

Sketch/Photo

DATE _____ TIME _____

Season _____

Weather Conditions _____

_____

Location _____

_____

SIGHTING COMPANION/S _____

DETAILS OF MY SIGHTING/S

Signs/Clues (fur, tracks, prints) _____

_____

What I learnt from today

_____
_____
_____
_____
_____

Notes

Sketch/Photo

DATE _____ TIME _____

Season _____

Weather Conditions _____

Location _____

SIGHTING COMPANION/S _____

DETAILS OF MY SIGHTING/S

Signs/Clues (fur, tracks, prints) _____

What I learnt from today

Notes

Sketch/Photo

DATE _____ TIME _____

Season _____

Weather Conditions _____

Location _____
_____
_____

SIGHTING COMPANION/S _____

```
┌─────────────────────────────────────────┐
│         DETAILS OF MY SIGHTING/S        │
│                                         │
│                                         │
│                                         │
│                                         │
└─────────────────────────────────────────┘
```

Signs/Clues (fur, tracks, prints) _____
_____
_____

What I learnt from today

_____
_____
_____
_____

Notes

Sketch/Photo

DATE _____ TIME _____

Season _____

Weather Conditions _____

Location _____
_____
_____

SIGHTING COMPANION/S _____

DETAILS OF MY SIGHTING/S

Signs/Clues (fur, tracks, prints) _____
_____
_____

What I learnt from today
_____
_____
_____
_____

Notes

Sketch/Photo

DATE _____ TIME _____

Season _____

Weather Conditions _____

Location _____

SIGHTING COMPANION/S _____

DETAILS OF MY SIGHTING/S

Signs/Clues (fur, tracks, prints) _____

What I learnt from today

Notes

Sketch/Photo

DATE _____ TIME _____

Season _____

Weather Conditions _____

Location _____

SIGHTING COMPANION/S _____

DETAILS OF MY SIGHTING/S

Signs/Clues (fur, tracks, prints) _____

What I learnt from today

Notes

Sketch/Photo

DATE _____ TIME _____

Season _____

Weather Conditions _____

Location _____
_____
_____

SIGHTING COMPANION/S _____

```
┌─────────────────────────────────────┐
│       DETAILS OF MY SIGHTING/S      │
│                                     │
│                                     │
│                                     │
│                                     │
└─────────────────────────────────────┘
```

Signs/Clues (fur, tracks, prints) _____
_____

What I learnt from today
_____
_____
_____
_____
_____

Notes

Sketch/Photo

DATE _____ TIME _____

Season _____

Weather Conditions _____

Location _____

SIGHTING COMPANION/S _____

DETAILS OF MY SIGHTING/S

Signs/Clues (fur, tracks, prints) _____

What I learnt from today

Notes

Sketch/Photo

DATE _____ TIME _____

Season _____

Weather Conditions _____

Location _____

_____

_____

SIGHTING COMPANION/S _____

DETAILS OF MY SIGHTING/S

Signs/Clues (fur, tracks, prints) _____

_____

_____

What I learnt from today

_____

_____

_____

_____

Notes

_____
_____
_____
_____
_____
_____
_____
_____
_____
_____
_____
_____

Sketch/Photo

DATE _____ TIME _____

Season _____

Weather Conditions _____

_____

Location _____

_____

_____

SIGHTING COMPANION/S _____

+---------------------------------------+
| DETAILS OF MY SIGHTING/S |
| |
| |
| |
| |
+---------------------------------------+

Signs/Clues (fur, tracks, prints) _____

_____

What I learnt from today

_____

_____

_____

_____

_____

Notes

Sketch/Photo

DATE _____ TIME _____

Season _____

Weather Conditions _____

Location _____

_____

_____

SIGHTING COMPANION/S _____

```
+---------------------------------------+
|       DETAILS OF MY SIGHTING/S        |
|                                       |
|                                       |
|                                       |
|                                       |
+---------------------------------------+
```

Signs/Clues (fur, tracks, prints) _____

_____

What I learnt from today

_____

_____

_____

_____

Notes

Sketch/Photo

DATE _____ TIME _____

Season _____

Weather Conditions _____

Location _____

SIGHTING COMPANION/S _____

DETAILS OF MY SIGHTING/S

Signs/Clues (fur, tracks, prints) _____

What I learnt from today

Notes

Sketch/Photo

DATE _____ TIME _____

Season _____

Weather Conditions _____

Location _____

_____

_____

SIGHTING COMPANION/S _____

DETAILS OF MY SIGHTING/S

Signs/Clues (fur, tracks, prints) _____

_____

What I learnt from today

_____

_____

_____

_____

Notes

Sketch/Photo

DATE _____ TIME _____
Season _____
Weather Conditions _____
_____
Location _____
_____
_____
SIGHTING COMPANION/S _____

DETAILS OF MY SIGHTING/S

Signs/Clues (fur, tracks, prints) _____
_____

What I learnt from today
_____
_____
_____
_____

Notes

Sketch/Photo

DATE _____ TIME _____

Season _____

Weather Conditions _____
_____

Location _____
_____
_____

SIGHTING COMPANION/S _____

```
┌─────────────────────────────────────────────┐
│           DETAILS OF MY SIGHTING/S          │
│                                             │
│                                             │
│                                             │
│                                             │
└─────────────────────────────────────────────┘
```

Signs/Clues (fur, tracks, prints) _____
_____

What I learnt from today
_____
_____
_____
_____

Notes

_____
_____
_____
_____
_____
_____
_____
_____
_____
_____

Sketch/Photo

DATE _____ TIME _____

Season _____

Weather Conditions _____

Location _____

_____

_____

SIGHTING COMPANION/S _____

DETAILS OF MY SIGHTING/S

Signs/Clues (fur, tracks, prints) _____

_____

What I learnt from today

_____

_____

_____

_____

Notes

Sketch/Photo

DATE _____ TIME _____
Season _____
Weather Conditions _____
_____
Location _____
_____
_____

SIGHTING COMPANION/S _____

DETAILS OF MY SIGHTING/S

Signs/Clues (fur, tracks, prints) _____
_____

What I learnt from today
_____
_____
_____
_____
_____

Notes

Sketch/Photo

DATE_____ TIME _____
Season_____
Weather Conditions_____
_____
Location_____
_____
_____
SIGHTING COMPANION/S _____

DETAILS OF MY SIGHTING/S

Signs/Clues (fur, tracks, prints) _____
_____
_____

What I learnt from today
_____
_____
_____
_____
_____

Notes

Sketch/Photo

DATE _____ TIME _____

Season _____

Weather Conditions _____

Location _____

SIGHTING COMPANION/S _____

DETAILS OF MY SIGHTING/S

Signs/Clues (fur, tracks, prints) _____

What I learnt from today

Notes

Sketch/Photo

DATE _____ TIME _____

Season _____

Weather Conditions _____

Location _____

SIGHTING COMPANION/S _____

DETAILS OF MY SIGHTING/S

Signs/Clues (fur, tracks, prints) _____

What I learnt from today

Notes

Sketch/Photo

DATE _____ TIME _____

Season _____

Weather Conditions _____

_____

Location _____

_____

_____

SIGHTING COMPANION/S _____

```
┌─────────────────────────────────────┐
│      DETAILS OF MY SIGHTING/S       │
│                                     │
│                                     │
│                                     │
│                                     │
│                                     │
└─────────────────────────────────────┘
```

Signs/Clues (fur, tracks, prints) _____

_____

What I learnt from today

_____

_____

_____

_____

_____

Notes

Sketch/Photo

DATE_____ TIME _____
Season_____
Weather Conditions_____

Location_____

SIGHTING COMPANION/S _____

DETAILS OF MY SIGHTING/S

Signs/Clues (fur, tracks, prints) _____

What I learnt from today

Notes

Sketch/Photo

DATE _____ TIME _____

Season _____

Weather Conditions _____

Location _____
_____
_____

SIGHTING COMPANION/S _____

DETAILS OF MY SIGHTING/S

Signs/Clues (fur, tracks, prints) _____
_____
_____

What I learnt from today
_____
_____
_____
_____

Notes

Sketch/Photo

DATE _____ TIME _____

Season _____

Weather Conditions _____

Location _____

SIGHTING COMPANION/S _____

DETAILS OF MY SIGHTING/S

Signs/Clues (fur, tracks, prints) _____

What I learnt from today

Notes

Sketch/Photo

DATE _____ TIME _____

Season _____

Weather Conditions _____

Location _____

SIGHTING COMPANION/S _____

DETAILS OF MY SIGHTING/S

Signs/Clues (fur, tracks, prints) _____

What I learnt from today

Notes

Sketch/Photo

DATE _____ TIME _____
Season _____
Weather Conditions _____
_____

Location _____
_____
_____

SIGHTING COMPANION/S _____

┌─────────────────────────────────────┐
│   DETAILS OF MY SIGHTING/S   │
│   │
│   │
│   │
│   │
└─────────────────────────────────────┘

Signs/Clues (fur, tracks, prints) _____
_____

What I learnt from today
_____
_____
_____
_____
_____

Notes

Sketch/Photo

DATE _____ TIME _____

Season _____

Weather Conditions _____

Location _____

SIGHTING COMPANION/S _____

DETAILS OF MY SIGHTING/S

Signs/Clues (fur, tracks, prints) _____

What I learnt from today

Notes

Sketch/Photo

DATE _____ TIME _____

Season _____

Weather Conditions _____

_____

Location _____

_____

_____

SIGHTING COMPANION/S _____

DETAILS OF MY SIGHTING/S

Signs/Clues (fur, tracks, prints) _____

_____

What I learnt from today

_____

_____

_____

_____

Notes

Sketch/Photo

DATE _____ TIME _____

Season _____

Weather Conditions _____
_____

Location _____
_____
_____

SIGHTING COMPANION/S _____

```
┌─────────────────────────────────────────┐
│        DETAILS OF MY SIGHTING/S         │
│                                         │
│                                         │
│                                         │
│                                         │
└─────────────────────────────────────────┘
```

Signs/Clues (fur, tracks, prints) _____
_____

What I learnt from today

_____
_____
_____
_____
_____

Notes

Sketch/Photo

DATE _____ TIME _____

Season _____

Weather Conditions _____
_____

Location _____
_____
_____

SIGHTING COMPANION/S _____

┌─────────────────────────────────────┐
│   DETAILS OF MY SIGHTING/S   │
│   │
│   │
│   │
└─────────────────────────────────────┘

Signs/Clues (fur, tracks, prints) _____
_____

What I learnt from today

_____
_____
_____
_____
_____

Notes

_____
_____
_____
_____
_____
_____
_____
_____
_____
_____
_____
_____

Sketch/Photo

DATE _____ TIME _____
Season _____
Weather Conditions _____

Location _____

SIGHTING COMPANION/S _____

DETAILS OF MY SIGHTING/S

Signs/Clues (fur, tracks, prints) _____

What I learnt from today

Notes

Sketch/Photo

DATE _____ TIME _____

Season _____

Weather Conditions _____

Location _____
_____
_____

SIGHTING COMPANION/S _____

DETAILS OF MY SIGHTING/S

Signs/Clues (fur, tracks, prints) _____
_____

What I learnt from today
_____
_____
_____
_____

Notes

Sketch/Photo

DATE _____ TIME _____
Season _____
Weather Conditions _____
_____

Location _____
_____
_____

SIGHTING COMPANION/S _____

DETAILS OF MY SIGHTING/S

Signs/Clues (fur, tracks, prints) _____
_____
_____

What I learnt from today
_____
_____
_____
_____
_____

Notes

Sketch/Photo

DATE _____ TIME _____

Season _____

Weather Conditions _____
_____

Location _____
_____
_____

SIGHTING COMPANION/S _____

┌─────────────────────────────────────┐
│   DETAILS OF MY SIGHTING/S   │
│   │
│   │
│   │
│   │
└─────────────────────────────────────┘

Signs/Clues (fur, tracks, prints) _____
_____
_____

What I learnt from today

_____
_____
_____
_____

Notes

Sketch/Photo

DATE _____ TIME _____

Season _____

Weather Conditions _____

Location _____

SIGHTING COMPANION/S _____

DETAILS OF MY SIGHTING/S

Signs/Clues (fur, tracks, prints) _____

What I learnt from today

Notes

Sketch/Photo

DATE _____ TIME _____

Season _____

Weather Conditions _____

_____

Location _____

_____

_____

SIGHTING COMPANION/S _____

┌─────────────────────────────────────┐
│   DETAILS OF MY SIGHTING/S   │
│   │
│   │
│   │
│   │
└─────────────────────────────────────┘

Signs/Clues (fur, tracks, prints) _____

_____

What I learnt from today

_____

_____

_____

_____

_____

Notes

Sketch/Photo

DATE _____ TIME _____

Season _____

Weather Conditions _____

Location _____

SIGHTING COMPANION/S _____

DETAILS OF MY SIGHTING/S

Signs/Clues (fur, tracks, prints) _____

What I learnt from today

Notes

Sketch/Photo

DATE _____ TIME _____

Season _____

Weather Conditions _____
_____

Location _____
_____
_____

SIGHTING COMPANION/S _____

┌─────────────────────────────────────┐
│   DETAILS OF MY SIGHTING/S   │
│   │
│   │
│   │
│   │
│   │
└─────────────────────────────────────┘

Signs/Clues (fur, tracks, prints) ____
_____

What I learnt from today
_____
_____
_____
_____
_____

Notes

Sketch/Photo

Made in the USA
Middletown, DE
16 July 2019